Ich sehe was…

…was du nicht siehst

**Gedichte und
Kurzprosa**

Astrid Reimann

Bibliografische Information der Deutschen Nationalbibliothek:
Die Deutsche Nationalbibliothek verzeichnet diese Publikation in der
Deutschen Nationalbibliografie; detaillierte bibliografische Daten
sind im Internet unter http://dnb.dnb.de abrufbar.

© 2022Astrid Reimann
Zeichnungen: Petra Wölfel-Schneider

Herstellung und Verlag:
BoD – Books on Demand Norderstedt
ISBN: 9783756802784

Für
dich

Inhaltsverzeichnis

Von Adonisröschen bis Sumpfdotterblume

Eingefangene Momente - Kurzprosa

Vorwort

Ich sehe was…

…und was ich sehe, möchte ich einfangen, dem scheinbar Unscheinbaren Ausdruck verleihen und es weitergeben.

Ich sehe was, was du nicht siehst.
Wer kennt es nicht, das Spiel aus Kindertagen, über Generationen weitergetragen. Man braucht dafür keinen Platz, keine Würfel, Figuren oder anderes, nur seine Augen und die Lust, sich darauf einzulassen.

Dieses Buch ist eine Einladung, sich einzulassen.

Ein großes Dankeschön an Petra Wölfel-Schneider, die es immer wieder versteht, mein Gedanken in Bildsprache umzusetzen.
Viel Freude mit diesem Buch.

Astrid Reimann

Am Lustgarten

Da hechtet der Fahrer aus seinem Bus,
springt rüber zum Tabakladen
und einladend offen
bleibt die Fahrzeugtür.

Da tanzen auf dem Gehweg
Frauen in Pink beim JGA
und ein paar Nonnen im Ordenskleid
treten lächelnd zur Seite.

Da gehen und stehen
so viele Passanten
und haben alles im digitalen Auge,
Selfies inclusive.

In dem Moment frage ich mich
nur eines:
wer von ihnen kapert jetzt den Bus?

Das offene Tor

gestern noch

stritten wir beide

doch meine zornigen Worte

prallten an dir ab

wieder einmal

gestern noch

versöhnten wir uns

in später Berührung

zwischen den Laken

wieder einmal

am Morgen

rufst laut du meinen Namen

doch wartest vergeblich auf Antwort

denn ich bin gegangen

zum ersten Mal

Eine Erinnerung

Meine Fußabdrücke tief

im überspülten Sand

Windböen zerren an meinem Hut

ich halte den Kopf gesenkt

in der schwarzen Dunkelheit.

Himmel und Meer nur undurchdringliches Sein

Wellen wie heulende Ungeheuer,

die gierig nach mir schnappen,

sich grollend zurückziehen,

um es sofort wieder zu versuchen.

Eisiges Wasser peitscht

mir ins Gesicht,

ich nehme es kaum wahr,

die Hände klamm vor Kälte

atemberaubend schmerzhaft.

Ausgeliefert,

eingehüllt,

unfähig zur Bewegung

wurde ich eins mit dem Wasser

und verlor mich schwerelos.

So fandest du mich,

dein Arm auf meiner Schulter,

sichere Wärme

in deinen Handschuhen.

Und so liefen wir

nass bis auf die Haut

weiter und weiter den Weg,

den wir beide nicht kannten.

Auf unseren Lippen blieb für immer

der Zauber der Erinnerung.

Carpe diem

ein lachen pflückend

vom sonnigen zweig

des morgens

hüpft mir eine Melodie ins ohr

mein poetisches kind

fängt mir die Noten

und stimmt mich ein

auf meines Tages Sinn

Der Baum

kahl und stark steht er
auf dem kleinen innenhof
unter dem fenster deiner küche
in der wir seit stunden sitzen
zieht meinen blick auf sich
ich könnte von dort
in seine krone klettern
würde er mich halten
wenn ich mich fallen ließe

gegabelte äste klopfen wie finger
an dunkle fensterscheiben
als wollten sie sagen
schau doch auch mal
nach deinem nachbarn

eine kleine Frau aus Schlesien
hat ihn einst mitgebracht
und hoffnung in den hof gepflanzt
sagst du und
seine blüten im frühling seien great

auch wir pflanzen einen Baum

indem wir reden

einander lauschen

mutig geworden

erklommen wir die ersten äste

wurden neugierig auf die zweige und

ob der stamm uns tragen wird

und verabreden uns fürs

frühjahr unter den blüten

wenn

wenn sich die mauern aus glas
die mich umgeben
plötzlich zementieren

wenn ich flüchte -
im freien fall
die eigenen strohhalme brechend

fort von den menschen
und dabei
mich doch nach ihnen sehnend

wenn ich das Licht nur
wohldosiert vertrage und mich
die Dunkelheit zu sich zieht

dann weiß ich
ich muss diese reise antreten
bin immer noch nicht angekommen
dann spüre ich sie zittern
die ersten zeilen eines gedichts

vernehme die töne einer wortmelodie

und wenn ich unendlich langsam
wieder auftauche
aus der höhle

war es letztlich
nur ein Moment
und ist es doch

mein leben

Ich sehe was...

Komm, wir spielen
ich sehe was, was du nicht siehst.
Ich fang an,
gelb.

Die Sonne?
Nein.
Die Knospen dort am Strauch?
Nein.
Das Muster auf deinem Shirt?
Nein.
Ich komm nicht drauf.

Gelb so warm wie
dein inneres Leuchten.

Jetzt bin ich dran,
rot.
Die Erdbeeren in der Schale?
Nein.
Die Schnalle von deinen Sandalen?

Nein.

Der Pickel auf deiner Wange?

Du bist doof.

Ich komm nicht drauf.

Rot wie die Schleife

der Versöhnung,

die wir nach einem Streit

binden.

Nun ich noch mal.

Grün, hellbraun und bunt.

Das zählt nicht.

Doch.

Die Blätter am Baum?

Nein.

Die Zeitungen vor dem Papiercontainer?

Nein. Nein.

Sag.

Grün wie das Gras der Hoffnung,

das im Mai unter unseren nackten Sohlen kitzelt.

Braun wie die Berge von Laub im Herbst,

die wir lustvoll aufwirbeln,

und bunt wie die Farbpalette

für die Leinwand
unseres Lebens.

So gib mir deine Hand,
und lass uns mit dem Malen
beginnen.

Einfach so

Der Tag ist lange vor uns aufgestanden.
Mein Arm liegt auf deinem warmen Rücken.
Einfach nur so.

Durch das weit geöffnete Fenster
Atmet der Sommer
Seine letzte Wärme aus.

Du drehst dich zu mir.
Vielleicht bleiben wir noch liegen.
Einfach nur so.

Wanderer

Wenn die Nacht nun nach mir greift
muss mit Wehmut im Herzen ich gehen.
Weil sie darin noch weilen, die Stunden
als den „Knulp" ich las
und darüber die Zeit vergaß.

Als ich fühlte und brannte,
als ich liebte ihn und mich sorgte.
Und die Worte glühend mich erhitzten
um doch zugleich die heißen Wangen
mir zu kühlen.

Mit Wehmut gehe ich nun,
weil traurig ich bin
um den einsamen Wanderer und um den,
den ich kenne und
der ihn mir zeigte.
Der selbst ein Suchender. Ein Getriebener.
Manchmal ein Verweilender.
Und die Wehmut trifft mich
aus Furcht um den,
der in meinem Herzen ist.

Dass er sich verlieren mag,

dass er nicht findet, was er sucht.

Dass er loslassen muss das,

was er gefunden und

nicht glücklich wird in all dem Suchen.

Und so gerne würde ich seinen Kopf halten,

in dem die Gedanken spazieren und

würde die heiße Stirn ihm kühlen,

wenn er es nur ließe.

Doch ist er nicht hier und

so bleibt mir nur,

mich der Nacht zu ergeben,

und zu hoffen, dass er auf seinem Wege

auch mich einmal treffen mag.

Wintersonnenwende

WINTER
SONNEN
WENDE

Der Lauf der Zeit
bringt uns heute
das Licht zurück.
So sehr erwartet
wie niemals zuvor.

Und wenn der Strom der
länger werdenden Tage
auf unser inneres Leuchten trifft,
dann sind alle Farben
MÖGLICH.

januarsonne

durchbrichst das grau
und die wolken
gehorchen dir

mein gesicht in deiner strahlenbahn
die augen schließen
uns gehört der moment

orange und flammendes rot
hinter meinen lidern
die haut riecht nach glück

träumend im wachsein
vom tanz im purpurnen kleid
lichtumhüllt

als du dich verabschiedest
bleibt das starke gefühl
es gibt ein nächstes mal

Frühling

Vor meinem Fenster
draußen
reckt die Pappel ihre Katzenbabys in die Höhe,
als würden hunderte Finger, erikafarben,
erwartungsvoll nach dem Himmel greifen.

Eine Taube hockt vorn
auf einem Zweig,
der sich unter ihr biegt -
wird er sie halten können?

Ein knorriger Ast
baumelt unterhalb der Krone,
mit schwarzem Laub,
den der letzte Sturm vergessen hat.

Vor meinem Fenster
drinnen
sind die Narzissen
aufgeblüht mit schwerem Duft.

Zwischen drinnen und draußen
fühle ich mich geborgen
und zähle die Minuten
der sich ausdehnenden Abendhelle
an diesem Frühlingstag im Februar.

An diesen Tagen

An diesen Tagen,
kalt und klar,
wo mein Atem kleine Wolken haucht,
schenkt mir der Himmel
seine warmen Farben.

An diesen Tagen,
mild mit grauem Nebel,
wo ich den Frühling fast schon spüre,
schenken mir die Krokusse
ihr Blühen.

An diesen Tagen,
uneinig zwischen mild und eisig,
schalte ich die Lichterketten an
neben den Narzissen
und beide schenken mir ihr Leuchten.

Vollmond(in)

Der Abend umkreist
den lichtlosen Tag,
bis dieser sich ergibt.

Die Nacht nimmt
ihre dunkelste Farbe
streicht schwarz über anthrazit.

Der Mond hat sich
voll in die Bäume gehängt
und wird von goldig
schimmernden Ästen getragen.

Sogleich nimmt er
ganz ungefragt
auf meinem Sessel Platz,
den ich als Loge mir gedacht.

Leuchtet ihn hell aus
wie ein Scheinwerfer
die Szenen im Theater.
Das Stück kann beginnen.

Auf dem dunklen Parkett
eine honigfarbene Bühne
für meinen Auftritt
bis zum letzten Akt.
Als der Sessel wieder
mit dem Raum verschmilzt,
und das Bühnenlicht erlischt,
gehen wir beide ab.

Schmetterlings-Sommer

Der Nachmittag leuchtet orange,

Frau Walter hat ihr Kissen ins Fenster gelegt

und schaut in den Hof.

Lily übt Schweinebammel

an der Teppichstange.

In meinem Blumenkasten

wohnt ein Schmetterling

und tanzt im leichten Wind.

Alles duftet satt nach Wärme.

Der Teddybär

Er ist ein großer, lieber Teddybär,
erhellt mit seinem Lächeln
die Menschen um sich her.
Doch reicht dieses Lächeln
auch für ihn?

So viele Hände, die ihm
auf die Schulter klopfen,
So viele Münder, die sich aussprechen.
und wie geht es ihm danach?

So viele Hallos,
jedem ist er bekannt,
gehört dazu, wird Freund genannt.
Doch wer kennt ihn wirklich,
wer ist ehrlich Freund?

Er ist der aufmerksame Zuhörer,
den jeder von uns braucht,
ist helfende Hand und
Mutmacher auch und

ist dabei so weich und rund.

Doch am Ende eines langen Tages,
wenn das Licht verlischt und
kein Hallo mehr erklingt,
gibt es dann den einen Menschen,
der seine Zeit ihm bringt?
Oder weint er stille Bärentränen?

Denn manchmal war da ein Mädchen,
dem er sein Herz geschenkt.
Und er sah es an und
hat gefühlt wie ein Mann.
Blieb aber doch wieder nur
der Teddybär.

Wüsste ich, wo er heute ist,
würde ich Hand und Schulter und Ohr
ihm geben und noch mehr.
Und ohne Worte würde ich ihm zeigen,
ich weiß, es ist manchmal schwer,
denn ich war auch ein Teddybär.

44

Tagesneige

Wolkentreffen
just
vor meinem Fenster hoch.

Die Sonne lauscht ein letztes Mal,
was sie vom Tag sich flüstern,
bis sie verschwinden allesamt
in des Himmels Nüstern

Blättertanz

Der Herbst ist mir ins Zimmer geweht
zwei Eichenblätter
als unerwartete Gäste
gelbbröselig im braunen Hochflor

ein Stillleben

Die dunkelroten Federn
vom dekorativen Teller entkommen
baumeln nun waghalsig
über der Tischkante

ein Momentum

Das Fenster schließend
dem Wind noch
die innere Luft
schenkend

ein Gedanke
Ach wären meine Sorgen

doch wie diese Blätter

geboren nur, um federleicht

davongetragen zu werden

Blättertanz-1

ein windstoß saust
auf meine worte
treibt sie zusammen
wirft sie in luftige höhen

spielt sein spiel mit
beschriebenen seiten
auf die ich nicht achtgab

tanzende gedanken
aufgescheucht
auseinandergetrieben
ein stürmisches durcheinander

ein einzelnes blatt segelt
vor meinen linken fuß
ich glaube nicht
an zufälle

Von

 wie Adonisröschen

bis

 wie Sumpfdotterblume

Adonisröschen

Geliebter Adonis,

goldgelb bau ich ein Haus

und lad dich ein zu mir.

Wart jeden Tag zu jeder Stund'

auf diesen Schritt von dir.

Die Diestel

Oh schau doch nur,
wie schön,
sagt sie.
Das muss weg,
sagt er.

Diese Farbenpracht,
purpurnes Leuchten,
sagt sie.
Lästiges Unkraut nur,
sagt er.

Die Falter-Raupen
laben sich daran,
sagt sie.
Wir müssen das loswerden,
sagt er.

Da lehnt sie ihren
Kopf an seinen und

so stehen sie Schläfe an Schläfe

und ihr Atem wird der seine.

Wie schön, sagt er.

Glockenblume

Weil Stille mir fehlte,

betrat ich den Garten-

und meine suchende Seele

fand deine glockenzarte Schönheit.

Lungenkraut

Im Wald,

da ist ein Kraut gewachsen,

und es ist so schön anzuseh'n.

Doch bist du krank,

musst du es trocknen,

dann wird es dir

bald besser geh'n.

Strandgrasnelke

Unter falschem Namen
fuhr ich ans Meer,
um für mich zu sein.
Auf der Düne sah ich diese Zarte,
trägt ihren Namen auch nur zum Schein.

Wildes Stiefmütterchen

Oh wilde Viola,
zart wie ein Engel
schaut deine offene Blüte
mir direkt ins Herz.
Werden deine Flügel
mich beschützen?

Da höre ich sie flüstern,
deine blauen Lippen -
      ja,
doch nur zum Schein,
denn du selbst
wirst dein Engel sein.

Das Gänseblümchen

An der Mauer fand ich sie,
die kleine Margerite.
Und die gelben Augen
sagen leis',
lass mich bleiben - bitte.

Prunkwinde

Prachtvoll leuchte ich am Morgen,
fest umschlingend jeden Stein.
Nur der Wind bereitet Sorgen,
lass mich gar nicht auf ihn ein.

Löwenzahn

Du liebliche Goldblume,
hast mich als Kind schon angelockt
und meine Füße wurden feucht
auf der sumpfigen Wiese.

Du liebliche Goldblume,
auf meinen Reisen Jahre später,
fand ich dich am kleinen Bach,
und an einem See in den Alpen.

Du liebliche Goldblume,
nun, da ich alt bin,
erfreu ich noch immer mich an dir,
in meinem kleinen Garten hier.

61

Bittersüßer Nachtschatten

Bittersüß
die Hoffnung
in dieser Nacht,
dass unsere Schatten
sich begegnen.

Sumpfdotterblume

Du liebliche Goldblume,
hast mich als Kind schon angelockt
und meine Füße wurden feucht
auf der sumpfigen Wiese.

Du liebliche Goldblume,
auf meinen Reisen Jahre später,
fand ich dich am kleinen Bach,
und an einem See in den Alpen.

Du liebliche Goldblume,
nun, da ich alt bin,
erfreu ich noch immer mich an dir,
in meinem kleinen Garten hier.

Eingefangene

Momente

K	**P**
U	**R**
R	**O**
Z	**S**
E	**A**

Abendstimmung

Ich sitze auf dem Balkon und lehne mich an die Wand, die
die Wärme des Tages gespeichert hat. Die vergangenen
Stunden fallen von mir ab wie Blätter im Herbst und mir wird
leicht.

Es ist einer dieser Spätsommerabende, die mich immer ein
bisschen wehmütig stimmen. Die Erinnerung an den Urlaub
lebt noch einmal auf, ehe ein Windzug sie sanft davonträgt.

Es wird kühler und es riecht nach Herbst. Der Wind spielt mit
der Schaukel auf dem Hof, sie pendelt vor und zurück, als
wäre soeben ein Kind von ihr abgesprungen.

Ein kräftiger Spätsommerwind türmt Wolken zu
Himmelsgebirgen zusammen – weiße, hellblaue, graue. Aus
allen Richtungen holt er sie, bis er schließlich nur noch die
satten, dunkelblauen findet. Imposante Gebilde entstehen.

Als Kind habe ich oft auf der Wiese im Park gelegen und
Wolken geguckt. Da, ein dicker Wal, ein Dinosaurier, nein
ein großer Vogel und dort, das ist eine Frau, die ein Kind im
Arm hält. Sie sitzt auf einem hohen Berg, einem Wolkenberg,
der langsam unter ihr zerfließt.

Alle Sonnenstrahlen des vergangenen Tages treffen sich ein
letztes Mal und zeichnen zum Abschied ein breites, glutrotes

Band, als wollten sie uns Menschen diesen Abend als Geschenk einpacken.

Meine Augen fotografieren jede Sekunde dieses Farbenspiels quasi als Vorrat für die dunkleren Tage und langen Abende.

Langsam wird mir kühl. Die Wand im Rücken wärmt kaum noch. Der frühe Einbruch der Dunkelheit tut mir fast körperlich weh.
Am Himmel wandern kleine Lichtpunkte, es scheint, als würden sie aus dem Nichts auftauchen und irgendwann sind sie meinem Blick wieder entschwunden. Kommen und gehen. Meine Augen folgen den Bahnen der Flugzeuge. Sie fliegen zur Landung an, und neigen schon über meinem Haus ihre Spitze leicht nach unten, als wollten sie mich grüßen.

Fröstelnd kuschle ich mich in meine flauschige Jacke.
Immer schmaler wird das rote Band, bis es schließlich völlig verschwunden ist. Die Nacht hat den Himmel verschlungen und alle Wolkenbilder beschlagnahmt.
Der Wind ist eingeschlafen. Die Schaukel wartet still auf den nächsten Tag.

Das Kind in mir

Auf der Wiese gegenüber spielen ein Mann und eine Frau mit einem Jungen. Sie haben sich in einem Dreieck aufgestellt und schießen sich abwechselnd den Ball zu.

Landet er direkt vor den Füßen des Kleinen, legt er ihn sich noch mal zurecht, wie es die Profis tun, holt Schwung und tritt dagegen. Manchmal fällt er dabei um, dann lacht er, steht auf und will ihn schon wieder haben.

Wenn der Ball an ihm vorbeirollt, rennt er ihm nach und wirft sich mit einem Freudenschrei drauf. Dann ruft er stolz: *Ich hab ihn!*

Auf einmal bricht der Mann das Dreieck auf, läuft hin zum Kind, überholt es, ist schneller, hebt sich den Ball auf den Spann, jongliert mit ihm auf den Füßen, den Knien, dribbelt, ist völlig vertieft ins Spiel.

Der Junge steht daneben und schaut zu.
Ich gehe ein paar Schritte in ihre Richtung.
Schmunzelnd beobachte ich die Szene. Auch die Frau

amüsiert sich.

Dem Kleinen aber macht es keinen Spaß mehr, er beginnt zu weinen.
Erst in diesem Moment scheint er den Jungen wieder wahrzunehmen, bringt ihm den Ball, wuschelt ihm durch die Haare und sagt ihm etwas ins Ohr, was ich nicht verstehe.

Ich gebe zu, ein bisschen beneide ich den Erwachsenen, der sein inneres Kind so selbstvergessen spielen lässt. Ich erinnere mich daran, wie ich mit meinen Kindern auf dem Hof Fußball gespielt habe. Ach, das muss hundert Jahre her sein.

Da rollt mir der Ball vor die Füße. Der Kleine sieht mich mit großen Augen an. Den Kopf nach vorn gebeugt, als wollte er mich von weitem anstupsen, ruft er:
Schnell, schieß ihn zu mir, bevor Papa ihn wieder kriegt.

Wie die Zeit vergeht

Nichts tun kann ich nicht so gut, einfach mal chillen, wie man heute sagt. (sagt man das noch?)

Denn ich neige dazu, für mich am Ende des Tages immer etwas "abrechnen" zu müssen.

Gestern wurde ich eines Besseren belehrt.

Ich war mit meiner Enkelin zusammen, wir machten nichts Spektakuläres, saßen nur nebeneinander auf dem Sofa und…

… beobachteten die Zeit.

Immer, wenn an der letzten Stelle der digitalen Anzeige eine neue Zahl erschien, war es ein kleines Ereignis.

Wir begannen, mit unseren Händen den Alltag vom großen und kleinen Zeiger zu formen, ließen sie mal auf halber Runde anhalten, manchmal in Zehn-Minuten-Schritten.

So vergingen fast unbemerkt anderthalb Stunden.

Anfangs hatte ich noch gedacht, wirklich nicht malen, nichts spielen? Was kann ich "vorweisen", wenn die Eltern nachher fragen, was wir so gemacht haben?

Doch dann war da dieser Flow, und ich spürte das Band zwischen uns und dachte, mein kluges kleines Enkel-Mädchen.

Als Mama und Papa dann später kamen, stürmte sie zur Tür und sagte: Ich habe mit Oma heute die Uhr gelernt.

Der kleine Sturm

Dunkle Wolken ziehen auf. Der Wind heult, verfängt sich zwischen den Häusern und lässt die Zimmertüren klappern. Er kriecht auch durch die kleinsten Schlitze in Holz und Rahmen.

Ich habe Angst, bei Sturm rauszugehen, seit er die Dachziegel meiner Grundschule runtergefegt hat. In meiner Erinnerung wurden wir klassenweise evakuiert und liefen in langen Reihen schnell aus dem Gebäude, immer der Gefahr ausgesetzt, von einem Ziegel erschlagen zu werden. Am nächsten Tag wehrte ich mich mit Händen und Füßen, da je wieder hinzugehen. Aber du weißt ja, Qualvolle Lust
wie das so ist mit Erinnerungen.

Sturm beginnt bei mir, glaube ich, auch schon ab Windstärke zwei.
Vor Jahren besuchte ich einen Freund auf Westerland. Als ich am Bahnhof ankam, war das erste, was ich laut dachte: *Ganz schön stürmisch hier.*
Der Taxifahrer lachte nur. *Ach, das ist doch nur ne Bries, mien deern.*

Ich sitze an meinem Schreibtisch im warmen, aber heulenden Wohnzimmer und beobachte die kahle Pappel. Dem Wind ausgeliefert, biegt sie sich im Rhythmus, den er ihr vorgibt. Da ich mit dem Text, an dem ich gerade schreibe, nicht weiterkomme, nutze ich die willkommene Ablenkung und sehe weiter aus dem Fenster.

Inzwischen ist es ein Wechselspiel von dunkel und hell geworden, wenn eine graue Wolke windbewegt den Blick auf schüchterne Sonnenstrahlen freigibt.

Was soll's, denke ich, manchmal klingt es ja drinnen schrecklicher, als es eigentlich ist. Ich klappe den Laptop zu, schnappe mir den Mantel vom Haken, ziehe meine Stiefel an und gehe vor die Haustür und sogar noch ein Stückchen weiter.

Mutig stemme ich mich gegen mein Kindheitstrauma.

Ist gar nicht so schlimm.

Im Gegenteil, der Sturm hilft mir sogar, wird zum Freund, der mir herrlich den Kopf einmal quer durchpustet.

Und als ich dann später mit erfrischten Wangen und allem Drum und Dran wieder vor meinem Text sitze, schreibt er sich fast von allein zu Ende.

In Windeseile sozusagen.

Wellenmacher

Schon beim Aufstehen spüre ich - heute ist nicht mein Tag.
Selbst das Anlächeln im Spiegel bleibt wirkungslos, ist nur
ein Verziehen der Mundwinkel Richtung Ohren.

Gehe ich es also langsam an, schließlich muss es ja auch
solche Tage geben, denke ich.
Doch es funktioniert nicht. Grübeleien haben meinen Kopf
besetzt. Der Zeiger meiner Energiewaage bewegt sich nur
schwach über der Null.
Halbherzig beginne ich dieses und jenes, aber was ich auch
anfasse, es scheint mir unter den Fingern zu zerbröseln.

Vielleicht Rausgehen?
Rausgehen.
Wo ist der Wind, mein neuer Freund, der geniale Gedanken-
Verwirbler? Ich treffe ihn am See.

Dieses stille Wasser, welches seine Tage normalerweise
bewegungslos in der Natur liegend verbringt, ist heute nicht
wiederzuerkennen- es schlägt Wellen!
Wenn es dieser kleine See schafft, solche Wellen

hervorzubringen, dann sollte mir das doch wohl auch gelingen.

Zumindest ein paar Wellchen wären ganz schön.

Okay, der See hatte Hilfe vom Wind. Aber ich muss das ja auch nicht allein hinkriegen.

Also rufe ich, als ich wieder zu Hause bin, meine beste Freundin an.

„Na, ist heute nicht dein Tag?"

Sie hat es sofort an meiner Stimme erkannt.

„Mmm, heute ist das Gespenst bei mir."

„Na, dann werden wir es mal aus dem Haus jagen. Hat bei mir letztens doch auch geklappt."

Ich höre ihr leuchtendes Lachen und fühle mich schon viel besser.

Wir reden so lange, bis von dem Gespenst nichts mehr zu sehen ist und noch ein bisschen länger.

Am Ende sage ich zu ihr:

„Danke, du warst heute mein „Wellenmacher".

Zweimal muss es knacken

Ein schmales Gesicht, umrahmt von einem weißen Haarkranz, kurz über dem Fensterbrett, 2. Etage im Nebenhaus. Immer, wenn ich vorbeigehe, schaue ich zu ihr hoch. Dann lächelt sie und wir winken uns zu, auch wenn wir uns nicht persönlich kennen.

Eines Tages schreibe ich ein Gedicht übers Älterwerden. *Es ist an der Zeit* heißt es.
Eine Textzeile lautet: *Die alte Frau von gegenüber schließt ihr Fenster nie.*
Ich lege ihr das Gedicht in den Briefkasten.
Wenige Tage danach ruft sie an: *Kommen Sie vorbei, meine Tür steht immer offen.*

Eine Pflegerin, die sie seit Jahren betreut, öffnet mir und bittet mich ins Wohnzimmer. Dann stehe ich dieser kleinen drahtigen Frau gegenüber, die aus der Küche kommt, wo sie ihren Abwasch erledigt hat, wie ich später erfahre.
Mit einem herzlichen Lächeln drückt sie meine Hand.
Nehmen Sie Platz, lassen Sie sich durch mich nicht stören, bei mir dauert das etwas länger. Ich bin Edda.

Sie stellt sich dicht vor den Ohrensessel, drückt die Waden ans Leder und beginnt, die Knie zu beugen, als wollte sie in die Hocke gehen. Tiefer und tiefer, wie in Zeitlupe, die Hände auf die Armlehnen gestützt. Allein das Zusehen bereitet mir Schmerzen und ich denke beschämt an die Momente, in denen ich über meine Kniebeschwerden schimpfe.

Sie hat wohl meinen Blick bemerkt. *Wissen Sie, es muss einmal knacken und dann noch einmal, dann geht es.* Endlich knackt es zum zweiten Mal und sie plumpst auf den Sitz.

Haben Sie gehört? Greifen Sie doch zu, den Kuchen hat meine Nichte gebacken! Nächste Woche werde ich 101. Und alle sagen mir: was für ein tolles Alter.

Sie schüttelt den Kopf.

Was ist daran toll? Möchten Sie noch Kaffee? Nehmen Sie sich doch bitte.

Ihr Mund steht nicht still.

Sie hört ein bisschen schlecht und ihre Beine sind dick bandagiert. Aber wenn ich ihr in die Augen schaue, sehe ich eine junge, lebhafte Frau.

Die Pflegerin erzählt: *Frau Sieger, also Edda ist immer noch in der Kirchengemeinde aktiv und hat für andere ein offenes Ohr. Auch wenn sie jetzt schon immer mehr Hilfe benötigt, ich habe sie noch nie jammern gehört.*

Was erzählst du wieder über mich? Edda schmunzelt.
Frau Sieger, der Name passt zu ihr, denke ich.
Und du weißt noch immer, was du willst, und setzt das auch gerne durch, stimmts Edda, wenn wir einkaufen gehen…
Sie lässt den Satz offen.

Ja, Edda weiß, was sie will, und sagt mir das auch, als ich mich später verabschiede. *Komm bald wieder mal zum Kaffee!*

Als ich dann unten vorm Haus stehe, sehe ich wie immer zu ihrem Fenster hoch. Sie steht da mit ihrem kleinen Gesicht, umrahmt von einem weißen Haarkranz, kurz über dem Fensterbrett und winkt.

Was ich will, weiß ich jetzt auch, ein bisschen so werden wie Edda.

Eine rasante Fahrt

Die Schoko-Osterhasen sind da.
Dabei liegt auf den Gehwegen noch der Streukies vom
Winter.
Die Temperaturen schwanken. Nach einem Sonnentag setzt
Schneeregen ein. Der Winter klammert. Doch sein erbitterter
Kampf um jeden Tag geht im munteren Konzert von Spatzen
und Co. unter.

Als ich nach einem Arztbesuch einen neuen Termin
vereinbaren will, meint die Schwester mit Blick auf den
Kalender: *Ach ja, bald ist Ostern, das erste Quartal vorbei,
dann kommt der Sommer, und ehe wir uns versehen…*
Ihre Worte drücken auf meine Stirn, ein Kopfschmerz bahnt
sich an.
Schöne Woche noch, murmle ich und mache, dass ich
rauskomme.

Es ist, als würde mir ein rasender Zug über die Füße fahren,
weil ich es nicht rechtzeitig geschafft habe, zur Seite zu
springen. Ich möchte runter von den Gleisen und viel lieber
auf dem Bahnsteig stundenlang auf einer morschen Bank

sitzen…

Ich hole meinen Sohn vom Bus ab. Ein hochgewachsener
junger Mann kommt auf mich zu.
Das ist ja eine Überraschung!
Ich sehe zu ihm hoch und frage lachend: *Warst du letzte
Woche auch schon so groß?*
Ach das kommt dir nur so vor, weil du eben kleiner wirst.
Er legt seine kräftige Hand auf meine Schulter.
Und so stehen wir. Einen winzigen Moment. Der Große und
die Kleine.

Und der Zug hält an.

Im Wartezimmer

Die Luft steht im Raum. Ich erwische den letzten freien Platz in der Gummibaum-Ecke. Der Stuhl ist unbequem. Mein Blick streift durch den Raum, bleibt aber nirgendwo länger hängen. Das hier konnte dauern. Ich mache die Augen zu. Meist kann ich mich so ganz gut innerlich wegbeamen. Kopfkino quasi. Heute gelingt es nicht; der Film läuft nicht an.

Aus dem weißen Lautsprecher neben der Garderobe rauscht ein Name, Sprechzimmer zwei bitte. Es kommt etwas Bewegung in die Wartenden, als würde eine kleine Welle bis zu dem rollen, der aufstehen und gehen darf.

Doch sofort friert alles wieder ein.
Die alte Dame, die ihren Stock neben sich an die Wand gelehnt hat, schaut wie hypnotisiert auf die Waben im Teppichmuster, so wie auch die Herren neben ihr. Zwei Teenager sitzen Hand in Hand und warten in ihrer eigenen Welt.
Auf dem Stuhl neben dem abgenutzten Spielstraßenteppich sitzt eine Frau im engen dunklen Kostüm und schaut zu, wie

ein kleiner Junge erst mit Bauklötzen, dann mit dem gelben
Auto spielt.

Im nächsten Moment holt er ein Buch aus der Kiste und will
zu ihr auf den Schoß.

Aber erst hebst du das Auto auf!

Der Junge ignoriert es und hält ihr das abgegriffene
Bilderbuch entgegen. Sie nimmt es und legt es auf den
Kindertisch.

Nein, du möchtest erst das Auto aufheben.

Die ersten Augenpaare haben das Studium des
Teppichmusters verlassen und sind zur Spielecke gewandert.
Die Stimmlage der Frau ist von c auf g angestiegen.

Der Sebastian möchte erst das Auto aufheben!

Ihr Zeigefinger trifft abwechselnd den Jungen und die
Richtung, in der das Auto steht.

Doch Sebastian möchte nicht.

Bis auf die Verliebten schauen nun alle zur Spielecke.

Ein Krimi könnte im Moment nicht spannender sein.

Da wird der Kleine aufgerufen.

Die Frau packt ihre Tasche und das Kind. Im Aufstehen

schnapp sie sich das Auto, stellt es zu den anderen und die Welle spült die beiden aus dem Wartezimmer.

Dann ist es still.
Der Teppich ist wieder interessant, die Händchenhaltenden halten weiter Händchen und ich mache noch mal meine Augen zu.

Qualvolle Lust

Die Zeit drängt.

Wenn wir uns am Abend treffen, werden sicher alle ihren eigenen Text mitbringen. Und ich? Habe nichts.

Ich sitze vor dem nackten Bildschirm an meinem Schreibtisch und brauche Worte. Dabei stapeln sie sich schon in meinem Kopf.

Gedanken - nebeneinander, übereinander liegen sie, haben kaum noch Platz, drängeln, einer fühlt sich wichtiger als der andere…

Aber der Bildschirm bleibt leer.

Vielleicht sollte ich es mit einem Stift versuchen, einem Bleistift, gutes, altes Handwerk. Ich wühle in meinen Schubladen. Ach, die wollte ich doch so lange schon aufräumen. Ich finde Fotos, alte Briefe, beginne zu lesen. Erinnerungen klettern zu den Gedankenmengen in meinem Kopf. Ich sollte ihn wegen Überfüllung schließen.

Was wollte ich? Ach ja, der Bleistift. In der hintersten Ecke finde ich einen abgeknabberten Stummel. Er fühlt sich fremd an in meiner Hand.

Nun sitze ich mit dem Bleistiftstummel vor dem Bildschirm. Ich glaube, der grinst mich schon an. So viel Raum für Worte.

Ich stehe auf, sehe aus dem Fenster. Dicke Schneeflocken fallen gleichmäßig und friedlich. Nur in mir tobt ein Sturm. Der Wind wirbelt die Gedanken auf, als hätte jemand ein Gebläse in einen Laubhaufen gehalten.

Meine Nachbarin baut mit ihrem Sohn einen Schneemann auf dem Schlitten. Ich öffne das Fenster und winke.

Komm doch runter, ruft sie mir zu.

Kann nicht. Ich schreibe.

Lüge.

Oder, oder…

… formt sich da etwa ein erster Satz? Ich wage es kaum, zu atmen. Blitzartig werfe ich mich auf den Stuhl, ergreife den Bleistift, setze ihn aufs Papier…

Der Gedanke ist weg.

Ich beginne an den Nägeln zu kaufen, was ich seit meiner Kindheit nicht mehr getan hatte. Ich male Kringel auf das weiße Blatt, zehn, zwanzig, immer mehr ineinander verschlungen, sinnlose Muster, die mich wie hundert Augen anstarren. Sie lachen mich aus.

Dabei will ich doch nur schreiben. Ich brauche eine Idee, ich brauche Worte. Hilfesuchend laufe ich zum Bücherregal, schleppe Lesestoff zu meinem Platz, sogar einen Bildband. Blättere. Vergleiche. Fühle mich mies.

Der letzte Schluck Kaffee in meiner Tasse schmeckt kalt und bitter.

Ich klemme den Bleistift im zugeklappten Bildband ein und werfe beide auf den Bücherberg.

Dann geschieht etwas.

Meine Finger beginnen, sich auf der Tastatur zu bewegen, immer schneller werdend, als hätte es in meinem Kopf den Startschuss für einen Zweihundert-Meter-Lauf gegeben.

Der Bildschirm füllt sich. Die Nacktheit trägt wieder Kleider.

Das Gedankenknäuel in meinem Kopf hat sich aufgelöst, als würde ein dichter Wald eine Lichtung frei geben. Ich fühle die Sonne auf meiner Haut, rieche das Gras.

Meine Finger laufen, springen, streicheln. Mein Blut pulsiert so, wie ich es liebe.

Es klingelt an der Tür. Ich öffne nicht. Ich schreibe.

Erst als ich merke, dass sich dieser kostbare Moment zu Ende neigt, ich das Ziel schon sehe, erlaube ich mir einen Blick auf die Uhr.

Noch schnell ausdrucken.

Es ist an der Zeit.

Wir treffen uns.

Hallo Weihnachtsmann

Nun setz dich hin!

Der kleine Junge steht immer wieder von seinem Platz auf und beugt sich zur Seite, um noch besser sehen zu können.

Aber da ist der Weihnachtsmann, wirklich, Mama.

Er zeigt zum Ende des Ganges.

Die Mutter wirft einen Blick über die Schulter.

Da vorne.

Er strahlt.

Hallo Weihnachtsmann!

Ruft er und winkt. Und der Weihnachtsmann erwidert seinen Gruß.

Es ist zwei Tage vor Heiligabend.

Komm, wir müssen aussteigen.

Sagt die Mutter und drückt dem Jungen die Wollmütze in die Hand.

Tschüss Weihnachtsmann!

Ruft der Junge noch zwei, drei Mal, hopst aus der Bahn, läuft vor, ist zu schnell für die Mutter.

Nun steht er genau vor der Scheibe, hinter der der vermeintliche Weihnachtsmann sitzt.

Und beide winken sich zu, solange, bis die Bahn weiterfährt.

An der nächsten Haltestelle muss ich auch raus. Von meinem Sitzplatz aus hatte ich die ganze Zeit nur einen roten Jackenärmel erblickt. Nun bin ich gespannt darauf, den Weihnachtsmann zu sehen.

Der Weihnachtsmann ist eine Frau. Und ist auch keine Weihnachtsfrau. Sie trägt lediglich eine rote Jacke, diese lustige Mütze, rot mit weißem Rand und Bommel, die sich viele in diesen Tagen aufsetzen. Mund und Nase sind von einer FFP2-Maske bedeckt.

Für den Kleinen aber war sie eindeutig der Weihnachtsmann und die Maske war der weiße Bart, was auch sonst?

Vielleicht würde er seinen Freunden erzählen:

Der Weihnachtsmann war in meiner Straßenbahn!

Und vielleicht würde die Frau erzählen:

Ich war heute der Weihnachtsmann.

Es bedarf oft so wenig, um Freude zu schenken.

Das Glücksglas

Emma hat ihr Seepferdchen gemacht und ich war dabei!
Schreibe ich auf einen hellblauen Zettel und male ein kleines
Herz dazu. Dann falte ich ihn und lege ihn zu den anderen in
mein dickbäuchiges Glücksglas.

Das mit dem Glas ist nicht meine Idee, dazu gibt es
zahlreiche Anregungen in Büchern, im Netz. Auch wenn ich
sie von Anfang an gut fand, so hat es doch ein bisschen
gedauert, bis ich sie umgesetzt habe. Prokrastination lass
grüßen.

Anfangs sammelte ich die Glücksmomente nur im Kopf,
sprach sie innerlich, wenn ich am Abend den Tag Revue
passieren ließ. Auch dafür gibt es Empfehlungen. Ebenso
kann man ein Glückstagebuch führen.

Begonnen habe ich mit einem ausgespülten Marmeladenglas,
welches schnell zu klein wurde. Die Zettel zogen um. Vor ein
paar Tagen kaufte ich mir dann schon das zweite größere
Glas. Der Schlitz im Deckel fiel mir erst zu Hause auf, es ist
quasi eine Glücks-Spardose.

Meine Direktbank im Regal. Offen einsehbare Auszüge meines Haben-Kontos.

Was sich dort angesammelt hat? Notizen, Erinnerungen an eine Begegnung, einen schönen Moment, der mich bewegt, hat lächeln lassen; manchmal ein Foto, ein Armband vom Erlebnispark, ein Cent-Stück. Und das Beste - alles ist inflationsgeschützt!

Das ist meine Art der Kontoführung.

Ich erzählte Freunden davon und sie ließen mich an ihrer teilhaben. Einmal war es eine besondere Holzschachtel, ein anderes Mal eine Windlicht-Laterne, die vorher ungenutzt in der Ecke stand.

Vielleicht mache ich an Silvester einen Kassensturz und feiere meinen ganz persönlichen Glücks-Momente-Jahresabschluss.

Wie sieht es bei dir aus? Was ist oder was käme in dein „Glas“? Vielleicht möchtest du mir davon erzählen?

info@astrid-reimann.de

Über die Autorin:

Astrid Reimann, geboren 1961, schreibt Kurzgeschichten und Gedichte, die in Anthologien und Zeitschriften veröffentlicht wurden. Sie liebt den Kontakt zum Publikum und gibt öffentliche Lesungen (bisher nur in Berlin).
Ihre Texte verbindet sie auch gern mit eigenen Bildern zu Collagen, die sie auf Ausstellungen und zuletzt bei der Kunstmeile Lichtenberg zeigte.

Zu diesem Buch sind Lesungen verbunden mit Ausstellungen der Illustrationen geplant.
Termine und mehr über die Autorin erfahren Sie unter:

www.astrid-reimann.de

Über die Zeichnerin:

Petra Wölfel-Schneider wurde 1959 in Berlin geboren, studierte Kunsterziehung/Deutsch an der Humboldt Universität zu Berlin, leitete u.a. einen Mal- und Zeichenzirkel, organisierte zahlreiche Ausstellungen im „Kino Kiste" Berlin und stellt auch eigene Arbeiten aus. Außerdem ist sie seit Jahren schreibendes Redaktionsmitglied des MITWISSER, der Vereinszeitung von "Mittendrin leben e.V.

Dieses Buch ist bereits ihr sechstes gemeinsames Projekt.

Bisher im BoD-Verlag erschienen:

Von Astrid Reimann

- Zurück im Fundbüro der Träume
- Anna auf der Suche nach der Geduld
- Die zauberhafte Scheibe
- Das Schneckenmückenpferd
- Das Fenster gegenüber
- Der goldene Weg
- Der halbe Mann und andere Geschichten

Von Petra-Wölfel-Schneider

- Nora und das Einhorn